एक अधूरा गुलदस्ता

अनु जैज़

notionpress.com

INDIA • SINGAPORE • MALAYSIA

ISBN 979-8-90510-224-0

एक अधूरा गुलदस्ता

"एक फूल जो मेरे सामने मुरझा गया,

एक फूल जो मेरी नींदें खा गया,

एक फूल जिसको मैं खरीद नहीं पाया,

एक फूल जो मुझसे मिलता तो गुलदस्ता बन जाता।"

अनु जैज़

<u>**नज़र**</u>

उन यादों के नाम... जो आज भी मेरे सीने में धड़कती हैं ।

गुलदस्ते की पंखुड़ियाँ

शाख़ - 1

इब्तिदा

1

<u>हाँजी - हाँजी</u>

वो हाथों में पन्ने दबाए रखती है,
एक लड़की पूरा दफ़्तर हिलाये रखती है।

कोई नहीं है आस-पास टक्कर देने को,
अकेली ही माहौल बनाये रखती है।

बात करती है हर एक से हँस-हँस के,
बातों के बीच-बीच में 'हाँजी-हाँजी' लगाये
रखती है।

ऐसे ही नहीं उड़तीं आँखों से तितलियाँ,
कोई तो है... किसी पे तो नज़र टिकाये
रखती है।

2

<u>छन - छन</u>

तब ही सुबह होती है,
जब वो घर से निकलती है।
क्या कह रहे हो–'इंद्रधनुष' है? अरे नहीं,
उसकी आँखें रंग बदलती हैं।

जो हवा उसको छू लेती है,
फिर वो पूरी गली में सन-सन करती है।
बादल हैं–बूंदों की आवाज़ होगी? अरे नहीं...
उसकी पायल छन-छन करती है।

क्या ही होता होगा जब वो,
कपड़े बदलती है...
तन छील देती हैं,
जब कुछ बूंदें उसकी गर्दन पर फिसलती हैं।

3

चलता फिरता ताज

रंग गुलाबी, आँखें शराबी,
और चेहरा तो चाँद है।
खूबसूरती में किसकी मिसाल दूँ?
ये लड़की तो चलता-फिरता ताज है।

चेहरे पर बालों का गिरना,
और उंगली से हटाना, उसके सब नखरे
साफ हैं।
मोटे गाल, तीखी नाक,
और होंठ तो गुलाब हैं।

बोल के हँसना और हँस के बोलना,
ये आदत उसकी अच्छी है।
बीस की हो चुकी है आज,
डरती इतना है कि जैसे अभी बच्ची है।

4

चार कदम का फासला

चार कदम का फासला है,
अब मीलों की दूरियाँ कम हो गई।

दाएँ-बाएँ किस तरफ?
ये चार गलियाँ भी आज भ्रम हो गई।

गली का नंबर, फोन पे बातें,
एक दम से सब खत्म हो गई।

पहली नज़र जो मिली मुझसे,
यार उसकी आँखें नम हो गई।

फिर कस के गले लगा लिया उसने मुझे,
वो बीच चौराहे बेशरम हो गई।

वैसे तो ठंड में काँप रहा था शरीर मेरा,
उसने होंठ क्या लगाए, मेरी तो साँसें गरम
हो गई।

शाख़ - 2

इज़हार और इंतज़ार

5

दिल के तार

कुछ तो अलग हुआ है इन कुछ दिनों में,
उससे बात हो रही है और दिल के तार हिल रहे हैं।

यार तुम भी पागल ही हो थोड़ा वक्त तो देते सोचने का,
एक तो आने की खबर नहीं दी और ऊपर से बोलते हो आज शाम हम मिल रहे हैं।

और ये घनी काली शाम है,
ऊपर से महोब्बत के दिय्ये जल रहे हैं,
तुम इतना क्यों पास आ रहे हो मेरे,
बस अब वही रुक जाओ ना,
मेरे होठ पिघल रहे हैं।

अभी तो हाथ भी नहीं मिला आप से,

फिर ये शर्ट के रंग कैसे मिल रहे हैं,
किसी एक का जवाब तो देदो यार,
देखो मेरी आंखों से कितने सवाल निकल
रहे हैं।

उसने बातों से बात घुमाई मगर कमबख्त
दिल बोल गया,
एक सहमा सा, डरा सा, कांपती शासों वाला
सरीफ लड़का,
मुझे उलझा कर छोड़ गया।

फिर एक दिन उसने हाथ लगाया मुझे,
मेरे बदन से तो करंट दौड़ गया,
फिर क्या पूछती सवाल यार,
उस दिन वो मेरे सारे भर्म तोड़ गया।

6

साजिशें

यूँ रोज-रोज सपनों में ना आया करो,
किसी दिन कस के हाथ थाम लूँगा,
होंठों से दबा कर गालों को,
दाँतों से काट लूँगा।

फिर उंगलियों की चलेंगी साजिशें बदन पे,
मैं लकीरें बना कर मेरा और तेरा हिस्सा
बाँट लूँगा,
आँखें बंद करके हाथों से,
सारा मुलायम हिस्सा छाँट लूँगा।

थोड़ा सोच समझ कर रखा करो उंगली मेरे
होंठों पे,
मुझसे बगावत नहीं होती ,
मैं किसी दिन साँस डाँट लूँगा।

7

तेरे साथ

कैसे मिलाऊँ मैं रंग तुझसे,
ये जो रोज तू कपड़े बदलता रहता है,
सहेली कहती है मुझे खूबसूरत है वो लड़का,
जो तेरे साथ रहता है।

क्या बताऊँ दिल का हाल 'अनु',
जो तेरे जाने के बाद रहता है,
जो तू ये जला के जाता है तन मेरा,
तेरे आने तक जलता ही रहता है।

8

गर्दन पे निशान

मेरी गलियाँ ये वीरान बस तेरे लिए हैं,
ये खाली सा मकान बस तेरे लिए है,
कुछ लफ्ज़ जो मैं किसी को नहीं बताऊँगी,
तेरे हिस्से की जुबान बस तेरे लिए है।

ये चेहरे की मुस्कान तेरे लिए है,
मेरी गर्दन पे निशान तेरे लिए,
ये झुमके, ये कंगन, ये बिंदी, ये दुपट्टा
लोग देखें,
इन होंठों का रसपान बस तेरे लिए है।

9

<u>ज़ुल्फें</u>

तेज हवाएँ चल रही होती हैं,
मेरी जान तेरी ज़ुल्फें बालियों से लड़ रही होती हैं।
बारिश की बूंदें तेरे होठों से फिसल रही होती हैं,
मतलब पानी में आग लग रही होती है।

10

<u>प्यार और आदर</u>

वो मुझसे जब भी मिलता है,
पहले हाथ मिलाता है,
जब आँसू आ जाते हैं,
तब जाके आँख मिलाता है।

प्यार से माथा चूमता है और फिर बात
बनाता है,
मेरे होठ चूम कर ही तो,
वो लिपस्टिक के निशान मिटाता है।

एक ही काफी है जान लेने को,
वो इतने तीखे तीर चलाता है,
सब ख्वाहिशों का गला घोट कर ही,
मुझे गले लगाता है।

मुझ पे तरस खाके ही सही,
पर मोहब्बत तो जताता है,
प्यार और आदर का पक्का है,
बिस्तर बिगाड़ कर बिस्तर बनाता है।

11

शरबत

मैं एक सीधी लकीर खींचूँगा,
तुम देखना पहले आँख मीचूँगा,
नहीं तुम देखना पलकें उसकी,
बहुत छोटी-छोटी हैं चिड़िया जैसे।

कैसे तुम देखोगे आँखें उसकी,
करती हैं बातों में इशारे कैसे,
फिर गालों से फिसल के गर्दन पे आ जाना,
वहाँ भी कंधों के बाएँ-दाएँ तरफ एक लकीर
बनती है,
इसका इस्तेमाल वो ध्यान भटकाने में
करती है।

उसके शरीर की शराफत में थोड़ा शरबत
मिला हुआ है,

दिल की क्या बात उसका पूरा दिमाग हिला
हुआ है।

चलो अब फिर से शरबत पे आता हूँ,
होंठों का रंग बदलती है,
पर बदलता नहीं रस उनका,
के वही शरबत सा थोड़ा ज्यादा मीठा।

आँखों के बीच एक घनी काली बिंदी,
जचती है जब सफेद सूट का रंग होता है
थोड़ा ज्यादा चिट्टा (सफेद)।

12

<u>सूखा गुलाब</u>

जैसे एक बगीचे में गुलाब देख लिया,
जनाब आज मैंने एक हुस्न बेहिसाब देख लिया।
जम के बरसा शबाब आज पूरी रात,
आँख खुलने से पहले एक ख़्वाब देख लिया।

माली की फूलों से दोस्ती देखी,
फूलों का भी आज प्यार देख लिया।
क्या खूब रिश्ता है मेरा और शराब का,
पहले बोतल ढूँढी किताबों में, फिर किताबों में एक सूखा गुलाब देख लिया।

आज वो फिर मुड़ी पीछे नज़रें झुका के,
आज फिर मैंने उसको यार, देख लिया

वो देखती रही शराफत मेरी और मैंने उसके गर्दन का तिल हज़ार बार देख लिया।

13

गली का तमाशा

ये क्या 'अनु'! अभी से? अभी से हाथ में
टैटू खुदा लिया?
हमसे पूछो कहानी उसकी
कब कमरे की बत्ती बुझेगी,
और कब वो बिस्तर वाला बल्ब जलाएगी।

उसने खिड़की खोली मकान की,
मैंने भी लड़कों को चाय पर बुला लिया।
अब देखना–पर्दा हटेगा, अब देखना–वो हाथ
हिलाएगी।

वो अब जूड़ा खोलने वाली है,
मैंने खत मुट्ठी में छुपा लिया।
अब देखना–बारिश होगी,
अब देखना–वो बाल सुखाएगी।

अब रुको थोड़ा... देखो खुशबू आ रही है
ना?
हाँ, अब उसने इत्र लगा लिया।
अब देखना–दरवाज़ा खुलेगा,
अब देखना–वो गली में आएगी।

आज तो गजरा भी लगाया है बालों में,
और उसे भी दुपट्‌टे से छुपा लिया।
अब देखना वो एक नज़र देखेगी
और आँखों से ही मार के जाएगी ।

14

हथेली पे जान

एक लड़की मैंने,
बस सपना ही मान रखी है।
चेहरे पे उसने,
हल्की सी मुस्कान रखी है।
मासूमियत तो उसकी,
आँखों ने संभाल रखी है।
जूतियों का अभी पता नहीं,
सूट की मैचिंग उसने कान के झुमकों से
फिलहाल रखी है।
अब यार और नहीं देख सकता मैं उसको,
इतना लिखने के लिए भी मैंने...
हथेली पे जान रखी है।

15

साज़िश

कभी करीब आऊँ मैं तेरे,
और फिर तेरे होठ छूने की गुज़ारिश हो
जाए तो क्या हो?

कभी हाथ पकड़ कर तेरा निकलूँ रातों में,
और फिर सर्द रात में घनी बारिश हो जाए
तो क्या हो?

तुम पहले ही काँप रही हो ठंड में,
और फिर तुम्हारी भीगने की ख्वाहिश हो
जाए तो क्या हो?

तुम भीग के चिपक जाओ बदन से मेरे,
और मेरे हाथों से भी कोई साज़िश हो जाए
तो क्या हो?

लाख रोकूँ आँखों को अपनी,
फिर भी अगर तेरी गर्दन से फिसलती बूंदें
दिख जाएँ तो क्या हो?

मैं तो भीगूँ भी ना बारिश में,
फिर भी अगर उन दो बूंदों से मेरी साँसें
भीग जाएँ तो क्या हो?

16

अभी मिलना बाक़ी है

हाँ कभी आना तू मेरे बगीचे में,
फूल खिलाना तू,
तेरे आने से महक आएगी,
तेरे आने से धूप चमक जाएगी।

पीले सफेद फूल सूरज की तरफ देखेंगे,
तू देखना तब भँवरे आँख सेकेंगे
तितलियाँ रूठ जाएँगी,
गुलाबी पंखुड़ियाँ बस अब टूट जाएँगी।

तेरे जाने की राह देखेंगी,
भँवरों पे गुलकंद के पत्ते फेंकेंगी।
पर तू जाना मत...
कि अभी मुझसे मिलना बाकी है।

17

खिड़की खुल जाती है

मैं उस गली में जब भी पाँव रखता हूँ,
एक खिड़की खुल जाती है।
गैलरी में कोई खड़ा मिलता है,
आँख उठाता हूँ और आँखें मिल जाती हैं।

धम-धम की आवाज़ से दो पाँव चले आते हैं,
वो भी चुपके से दरवाज़े तक जाती है।
दरवाज़े के एक साँस इस ओर और एक उस ओर, तेज़ दौड़ती है और थक जाती है।

फिर वो कुछ देर दूर से देखती है,
जब तक कि आँखें ना भर जाती हैं।
मैं उसे आँखों से बोलता हूँ,
"बस कर अब," जान जाती है।
हाथों का घेरा बना,

सर को कंधे तक ले जाती है।
और फिर छोड़ती है एसे आधा सा,
हँस कर होंठों पर हाथ रख जाती है।

करता है इशारा आँखों से,
आँखें उसकी भी कुछ तो कहना चाहती हैं।
बनती है बस बात ही दिन में,
रात होते-होते साज़िश भी चल जाती है।

बदल तो लेता हूँ शर्ट मगर,
बदन की खुशबू कहाँ बदल पाती है।
मैं अगर निकल भी जाऊँ पिंजरे से तो क्या,
मुझसे तू कहाँ निकल पाती है।

कुछ चीज़ें रख लेती हैं जान-बूझ के वो,
कुछ उसकी मेरे साथ चली जाती हैं।
मैं घर बदल भी लूँ तो क्या,
दीवारें याद आती हैं।

18

फूलों का नूर

बातें क्या बोलूँ उस लड़की की,
बोलते ही मुँह में पानी आ जाता है।
हँस के बात करती है हर मिलने वाले से,
देखकर नरमी आँखों की, उदास चेहरा भी
खिल जाता है।

गुलदस्ता क्या छू लिया हाथों से उसने,
फूलों का सारा नूर उतर के उसके बदन पे
आ जाता है।
और उन बूंदों की कीमत भी हज़ारों में
होगी,
जो पसीना फिसल कर गर्दन पे आ जाता
है।

एक हल्की सी मुस्कान होती है चेहरे पर,
उसके बगीचे से खुशबू आकर मुझे रोज़
जगाती है।
जितनी बार भी पुछलो, झूठ ही बोलती है,
अरे वो तो खुशबू है ना, पर मुझे तो वो
अपना नाम अनु बताती है।

शाख़ - 3

दर्द और हकीकत

19

अधूरी मुलाकात

जब कोई करीब आता है और मिलता भी नहीं,
मुलाकातें यूँ अधूरी रह जाती हैं।

मिल कर जो कहना था उसे बातें सब होती हैं,
बस 'वो' रह जाती है।

वो किसी और की हथेली छू भी ले तो भी
नफरत नहीं होती मुझे,
बस मेरी आँखें बह जाती हैं।

एक वो, एक वो ही अगर नहीं रहता मुझमें,
बता फिर साँसें कहाँ रहे जाती हैं।

20

कोई किसी के साथ नहीं मरता

चेहरा ही देखते हैं 'अनु' सब,
कोई दिल की बात नहीं करता।

हँसती रहती हूँ मैं खुद से बात करके,
अब कोई ठीक हालात नहीं करता।

क्या सुनोगे कहानी मेरी,
अब वो मुझसे बात नहीं करता।

बैर छुपाये बैठे हैं वक्त आने पे सब रंग
दिखाएंगे,
अब उसकी तरह कोई अपना समझ कर
नहीं लड़ता।
क्या कसमें खा रहे हो सब यही रह जाएंगे,
कोई किसी के साथ नहीं मरता।

cassie
noelle

21

भीतरी दीवारें

आँखें बंद करके सोचता हूँ,
कि मुश्किल से ही मैं कुछ खोजता हूँ।
कि मेरे अंदर तुम हो,
मेरे सीने में तुम हो।
कहीं कोने में अकेली बैठी,
कुछ लिख रही हो;
कि दिल के दरवाज़े बंद हैं,
मगर मुझे तुम दिख रही हो।

वहीं कहीं चुप्पी से एक आवाज़ आती है,
कि तेरी आँखें बोलती हैं।
पलकों में फँसा हुआ आँसू,
रोकने से नहीं रुका, गिर जाता है।
फिर उस खोखल में शोर मच जाता है,

जब यह पानी बह जाता है दिल-ओ-दीवार पे
मेरी;
तो फिर दरमियाँ नहीं, कुछ और रह जाता
है।

तुम वहीं कोने में बैठी कुछ लिख रही हो,
दिल के अंदर की दीवारें छील रही हो।
कुछ निशान बन रहे हैं,
कि ख़ून में आँसू मिल रहे हैं।

22

खाली मकान

एक वक्त ने मुझको मारा है,
दिल मेरा भी कई बार हारा है।
एक उम्मीद ने बचा के रखी जान मेरी,
और कोई नहीं यार बस तेरा ही सहारा है।

आसान नहीं था उन लम्हों से लड़ना,
कैसे बदलती है जिंदगी भगवान देख।
आँखों के नीचे काले निशान देख,
अरमानों का बना श्मशान देख,
नींदों का हुआ नुकसान देख,
टूटी खिड़की खाली मकान देख।

23

आँसू रूठ जाएँगे

एक कस्बा, एक मोहल्ला, एक गली, एक
शहर याद है,
दूर रहता हूँ तो दूर, पास आता हूँ तो वो
मेरे साथ है।

गली के उस मोड़ पे मुड़ता हूँ तो उसका घर
दिखता है,
फिर मोहब्बत में 'अनु' बहुत सस्ता बिकता
है।

अब मोहब्बत के मोल लगाऊँ तो पुराने
गुल्लक फूट जाएँगे,
आँखें भीगेंगी नहीं, आँसू रूठ जाएँगे।

24

तिल और यादें

यार! क्या देख रहा है वो लड़का?
उसको बताओ–गर्दन का तिल देखने के लिए
तो आँखों को थोड़ा ऊपर उठाना पड़ता है।

इतना भी ना बोल उसे दिखाने को,
भोली है यार वो...
उसको नहीं पता मोहब्बत में पहले-पहल
क्या छुपाना पड़ता है।

क्यों खोल के बैठ जाता है उसकी बातें?
क्या तुझे रोज़ बताना पड़ता है?
क्या करूँ यार तू बता... कैसे मिटती हैं ये
यादें?
मोहब्बत में हारने के बाद क्या-क्या जलाना
पड़ता है?

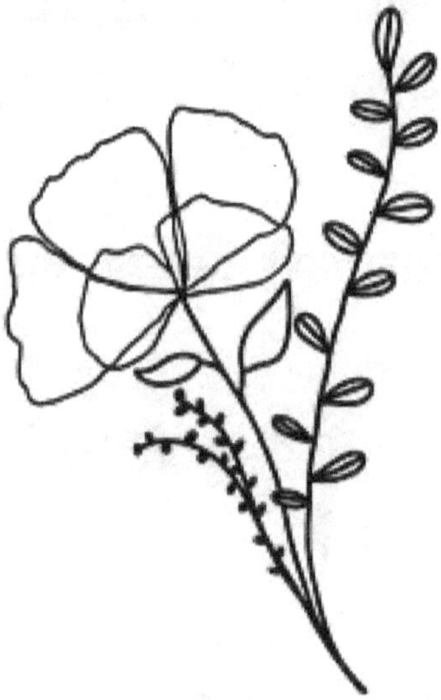

25

साँस और धुआँ

अच्छा चलो बताओ...
चाँद को कभी चाँद मिलता है?
ये तो इंसानी फितरत है साहब, वक्त आने
पर हर कोई बदलता है।
वो तो भरे रखता है आँख पानी से,
मैंने नहीं देखा कभी इसकी आँखों से भी
आँसू निकलता है।
कितना जला हुआ है अंदर से वो इंसान,
अंदाज़ा लगा सकते हो?
साँस जब लेता है... तो धुआँ निकलता है।

शाख़ - 4

यादें और फ़लसफ़ा

26

नतीजे

वो पास बुलाकर हाथ पकड़ेगा
और मेरे होंठों से सिसकियाँ आएँगी।
जब सब अच्छे काम हो जाएंगे
तब सामने गलतियाँ आएँगी।

चल जाएगा तीर उसका सबको पता है,
बात तो ये है निशाने पर कौन लड़कियाँ
आएँगी।
फूल का काम है खिलना वो तो खिल
जाएगा,
पर उसका क्या जब खून चूसने तितलियाँ
आएँगी।

तुम बुला रही हो तो चाँद तो आ जाएगा
खिड़की पे,

पर उसका क्या जब पता पूछने बिजलियाँ आएँगी।

27

गुलदस्ता

मेरी गली के दाहिनी ओर कोई
फूलों की दुकान लगाता है
मतलब के मेरे बगीचे को
पागल बनाता है ।

टूटे हुए या बोलूँ के रूठे हुए
कुछ फूल टहनी से
एक साथ मिल कर बैठते हैं
बात करते हैं किसके हिस्से में कितना दुख
आएगा
या कौन खुशी की वजह बन जाएगा ।

एक बूढ़ी अम्मा एक दूजे को साथ बाँध रही
है

शायद जबरदस्ती या फिर मिल कर एक हो
जाएँ ।

हाँ एक हुए तो गुलदस्ता बन जाएगा
ये तो सब शाम तक पता चल जाएगा ।

कोई तो बचेगा जो तन्हा अकेला भी रह
जाएगा
बिल्कुल मेरी तरह
जो आज भी बस फूलों की बात करता है ।

एक फूल जो मेरे सामने मुरझा गया
एक फूल जो मेरी नींदें खा गया
एक फूल जिसको मैं खरीद नहीं पाया
एक फूल जो मुझसे मिलता तो गुलदस्ता
बन जाता ।

28

अनकहे लम्हे

कुछ बातें संभाल के रख
कुछ रातें संभाल के रख
के सब कुछ सब को नहीं बताया जाता ।

के एक दिन साथ बैठेंगे
के एक दिन सब कह देंगे
के उस दिन पुरानी बात करना
के उस दिन बस याद करना ।

के मैंने कभी तेरे झुमके नहीं खोए
के तूने कभी मेरे कपड़े नहीं धोए
के मैंने सुबह की चाय नहीं बनाई
के तूने कच्ची रोटी नहीं खिलायी ।

के तू कभी मेरे कंधे पे नहीं सोई
के मेरे जाने पे तूने आँखें नहीं भिगोई

29

एक जैसे

देख तेरे होने से ही पूरे हो जाते हैं आधे ख्वाब तो मेरे,
फिर मुझे दिन और रात एक जैसे लगते है।
मैं इश्क और दर्द की मिलावट देख चुका हूँ,
अब मुझे शायरी और शराब एक जैसे लगते हैं।

30

मंज़िल

क्या खबर फैल गई बाज़ार में?
मैं कहाँ भटक के रह गया...
मेरी मंज़िल तो तुम थी ना,
मुझे तो तुम तक जाना था।

शाख़ - 5

अलविदा

31

बात नहीं करेंगे

बहुत कमज़ोर हो चुकी है डोर,
अब इसमें और गांठ नहीं जोड़ेंगे।
सब बातें उलझ गई हैं वहीं आकर,
अब छोड़ दो यहीं, अब इस रिश्ते को और
नहीं जोड़ेंगे।

जाओ, कर लो अब ख्वाब पूरे,
अब से हम कोई रात बर्बाद नहीं करेंगे।
वादे-वफाएं सब भी यहीं छोड़ दो,
ये सब भी मेरे बाद नहीं रहेंगे।

जोड़ लो तुम रिश्ते अब अपने तरीकों से,
बहाने के नाम पर अब 'जात-पात' नहीं
रहेंगे।
बस और मजबूर नहीं करेंगे हम तुम्हें,

छोड़ो यार सब, चलो अब से हम साथ नहीं रहेंगे।

चलो जाओ, आज़ाद हो तुम,
आज से तुम्हें याद नहीं करेंगे।
एक ये तारीख भी लिख लो डायरी में अपनी,
बस आज से हम बात नहीं करेंगे।

32

सफ़र

एक सफ़र ऐसा भी जो खत्म न हो कभी,
पर अब खत्म होने वाला है...

एक सफ़र ऐसा भी जिसमें मंज़िल नहीं कोई,
बस कोई खोने वाला है।

एक सफ़र ऐसा भी जो हँसते-हँसते गुज़ारा है,
और आखिर कोई में रोने वाला है...

एक सफ़र ऐसा भी जो रात होते घर ले जाता था,
पर आज तो वो तकिये के साथ सोने वाला है।

एक सफ़र ऐसा भी जिसमें वो हाथ पकड़ कर रोकती थी,
पर आज तो वो हाथ उठा कर 'अलविदा' कहने वाला है।

33

आखरी पन्ना

तुम तो कहते ही थे कि सब हो जाएगा,
बस मैं ही नहीं मानी,
और देखो...
तुम मेरे बिना जीना सीख गए।

वो लम्हे यार अब क्यों याद दिलाते हो?
वो लम्हे अब बीत गए।

अब हम दुश्मनों के सामने रहते हैं,
हमारी जो खबर रखते थे,
वो 'मीत' गए।

हाँ तुम कविताएँ बड़ी अच्छी लिखते हो
'अनु', मानती हूँ मैं,
पर ये क्या? मेरी कहानी के आखिरी पन्ने
पे 'माफी' लिख गए।

पता तो था ही मुझे मैं हार रही हूँ,
फिर भी किस्मत से लड़ती रही,
और देखो वही हुआ जो होना था...
तुम जीत गए।

Anu Jazz

www.ingramcontent.com/pod-product-compliance
Lightning Source LLC
LaVergne TN
LVHW090332210926
848480LV00004B/1381
9798905102240